Como lidar com o
EXCESSO DE TRABALHO

© 2009 Pearson Education do Brasil
© 2001 Pearson Education Limited

Tradução autorizada a partir da edição original em inglês, *Fast thinking: work overload — working at the speed of life, 1st edition*, de Ros Jay, publicada pela Pearson Education Limited, Reino Unido.

Todos os direitos reservados. Nenhuma parte desta publicação poderá ser reproduzida ou transmitida de qualquer modo ou por qualquer outro meio, eletrônico ou mecânico, incluindo fotocópia, gravação ou qualquer outro tipo de sistema de armazenamento e transmissão de informação, sem prévia autorização, por escrito, da Pearson Education do Brasil.

Diretor editorial: Roger Trimer
Gerente editorial: Sabrina Cairo
Supervisor de produção editorial: Marcelo Françozo
Editora de texto: Sheila Fabre
Preparação: Andréa Vidal
Revisão: Alessandra Miranda de Sá
Capa: Alexandre Mieda
Editoração eletrônica: Figurativa Arte e Projeto Editorial

Dados Internacionais de Catalogação na Publicação (CIP)
(Câmara Brasileira do Livro, SP, Brasil)

Jay, Ross
 Pense Rápido: Como lidar com o excesso de trabalho / Ros Jay ; [tradução Ricardo Gozzi]. -- São Paulo : Financial Times — Prentice Hall, 2009.

Titulo original: Fast Thinking: work overload – working at the speed of life, 1st edition
ISBN: 978-85-7605-203-6

1. Administração do tempo 2. Gerenciamento da informação pessoal
I. Título.

06-4704 CDD-650.1

Índices para catálogo sistemático:
1. Administração do tempo 650.1
2. Tempo – Administração 650.1

2008
Direitos exclusivos para a língua portuguesa cedidos à
Pearson Education do Brasil, uma empresa do grupo Pearson Education
Av. Ermano Marchetti, 1.435
CEP: 05038-001 – Lapa – São Paulo – SP
Fone: (11) 2178-8686 – Fax: (11) 2178-8688
e-mail: vendas@pearsoned.com

RÁPIDO!

Como lidar com o
EXCESSO DE TRABALHO

Ros Jay

São Paulo

Brasil Argentina Colômbia Costa Rica Chile Espanha
Guatemala México Peru Porto Rico Venezuela

sumário

introdução	6
jogo rápido	10
1 crie tempo	14
Seu chefe quer vê-lo *imediatamente*	14
Ganhe tempo	16
2 seu objetivo	20
3 organize as tarefas	24
Divida as tarefas em grupos	26
Separe as sobras	27
Mantendo as notas	30
4 prioridades	32
Importância	32
Urgência	35
Suas prioridades	36
5 as opções	40
Qual opção escolher?	40
Divida seu tempo	43

6 como delegar — 48
Entendendo o ato de delegar — 48
Conhecimentos para delegar — 50

7 adie tarefas — 58
Planejamento anual — 67
Planejamento mensal — 68
Planejamento semanal — 69
Planejamento diário — 70

8 mãos à obra — 72
Fazendo listas — 73
Tomada de decisões — 75
Leitura — 80

elimine o excesso de trabalho em meio dia — 86

elimine o excesso de trabalho em uma hora — 90

introdução

Sua gaveta de mesa contém uma montanha de documentos de meio metro de altura, seu telefone está sepultado sob uma pilha de papéis, seu chefe quer vê-lo em cinco minutos, você tem uma reunião importantíssima em quinze minutos e a recepcionista acabou de avisar que há uma visita à sua espera.

Soa familiar? Se você é uma das milhões de pessoas para quem o trabalho é tão frenético que não deixa tempo nem para respirar, este é o livro ideal. Há por aí um monte de dicas (muitas delas bastante irreais) sobre como se assegurar de que nunca acumulará tarefas demais, mas não há tempo para isso. Você *já* acumulou tarefas demais. A única questão a ser respondida é: "Como se livrar de tudo isso?"

Este livro responderá a essa questão. Em um mundo ideal, você teria de dispor de um dia inteiro para reaver o controle da situação. Na terra da fantasia, você teria vários dias para resolver tudo o que está pendente e recomeçar com a mesa toda arrumadinha a tarefa seguinte. Mas estamos no mundo real e você precisa pensar rápido e agir com inteligência. Você quer:

- **dicas** para recuperar rapidamente o controle da situação
- **atalhos** para evitar trabalhos desnecessários
- **desenvolver listas** para assegurar que o trabalho essencial foi realizado

... e tudo junto, de maneira clara e simples, breve o bastante para ler rápido, é claro. Então vamos lá.

Se você está realmente correndo contra o relógio (e quando isso não acontece?), encontrará no fim deste livro uma lista que o ajudará a resolver o problema de acúmulo de tarefas em meio dia — talvez até mesmo em uma noite, quando não houver ninguém pegando no seu pé. Se estiver atolado em trabalho e não conseguir nem mesmo uma tarde para ajeitar as coisas, há ainda uma alternativa para organizar tudo em apenas uma hora, criando tempo dentro da velocidade da vida.

Então respire fundo e não entre em pânico. Tudo o que você precisa saber está neste livro. Ele o ajudará a reorganizar sua vida profissional em apenas uma hora, se esse for o tempo de que dispõe. Você pode considerar qualquer minuto além disso um bônus. Se dispuser de uma manhã inteira, então se sinta

"Você já acumulou tarefas demais. A única questão a ser respondida é: 'Como se livrar de tudo isso?'"

um privilegiado. Caso tenha sido difícil para você encontrar tempo sequer para ler essa introdução, no primeiro capítulo você encontrará uma série de dicas com orientações que o ajudarão a encontrar tempo suficiente para ler o restante do livro.

▶ trabalhe na velocidade da vida

Este livro o orientará durante as seis etapas principais necessárias para se livrar rapidamente do trabalho acumulado:

1. Você precisa começar criando tempo para lidar com esse trabalho acumulado. Portanto, começaremos fazendo simplesmente isso.

2. O passo seguinte é identificar seu objetivo. Isso significa que é possível trabalhar de modo mais organizado, possibilitando mais eficácia e produtividade.

3. Depois disso, estabeleceremos maneiras de reunir as centenas (e às vezes milhares) de tarefas distintas em poucos grupos de ações a realizar.

4. A etapa posterior envolve a análise das tarefas para a priorização dos grupos de ações a realizar.

5. Nessa etapa lidaremos com as tarefas propriamente ditas e as opções para solucioná-las: realizá-las, adiá-las, delegá-las ou apenas excluí-las.

6. Por fim, levantaremos modos de lidar com o trabalho acumulado para que a realização das tarefas seja o mais breve possível.

Ao longo do livro também identificaremos meios de evitar novos acúmulos de trabalho. O conteúdo deste livro tem como objetivo tanto solucionar o acúmulo de trabalho no presente quanto evitá-lo no futuro.

Este livro tem como objetivo tanto solucionar o acúmulo de trabalho no presente quanto evitá-lo no futuro

jogo rápido

Obviamente, não se espera que você chegue a uma condição organizacional perfeita logo no início, mas a vida também não foi feita para ser tão atribulada. O ideal seria tirar alguns dias para se concentrar exclusivamente na identificação das pilhas de documentos e nas persistentes mensagens armazenadas no correio de voz. Mas vamos cair na real: você já está indo bem se encontrou tempo para ler este livro.

Apenas para constar, caso você tenha uma vida paralela que o trabalho não invada, qual seria a razão de buscar mais tempo para se livrar da sobrecarga? Bem, existem algumas desvantagens entre, metaforicamente, colocar uma bomba sob sua cadeira e jogar tudo no lixo em uma questão de minutos.

> **Sem a vantagem de uma máquina do tempo, existem apenas 60 minutos em uma hora, e 24 horas em um dia. Certamente há uma porção de lixo em sua mesa e muita coisa que você já deveria ter feito ou delegado. Mas ainda há tarefas que você mesmo precisa realizar. E quanto mais tarefas, de mais tempo você precisará para resolvê-las da melhor maneira possível.**

- Psicologicamente, quanto mais tempo você tem para realizar um trabalho, mais gerenciável e passível de solução ele parece. As únicas pessoas que realmente conseguem se livrar do acúmulo de trabalho em tempo são aqueles tipos irritantes tão perfeitos que, para começar, nunca acumulam trabalho. Você quer mesmo ser como essas pessoas? (De certo modo, sim. Mas, logo que tudo for resolvido, você será um pouco como elas.)

- Certamente, depois de ler as dicas contidas neste livro, você terá bastante tempo para se livrar do excesso de trabalho. Contudo saiba que está fazendo isso sob extrema pressão, o que pode ser muito desgastante e em nada ajudará em seu processo de relaxamento nem será bom para sua pressão sanguínea.

- Quando tiver de lidar com todas essas tarefas que realmente precisam de sua atenção, será bem menos frustrante se conseguir solucionar tudo com facilidade. Se as pessoas não estão no escritório quando você liga, se os fornecedores não repassam os dados que você requisitou dois dias atrás ou se seu laptop quebrou — além de todas aquelas situações cotidianas irritantes das quais a vida está cheia —, é melhor estabelecer um prazo de alguns dias para resolver tudo do que tentar organizar todo o trabalho atrasado até amanhã à tarde.

- Algumas tarefas terão de ser delegadas. Entretanto, se elas forem urgentes e a pessoa a quem você pretende repassar o serviço não estiver por perto, você mesmo precisará resolver. Mesmo que a pessoa esteja por perto, pode ser complicado delegar uma tarefa urgente sem praticamente nenhuma recomendação. Afinal, a pilha de trabalho dessa pessoa pode ser ainda maior do que a sua (aliás, esse pensamento pode servir de consolo).

> Existem algumas desvantagens entre colocar uma bomba sob sua cadeira e jogar tudo no lixo

Enfim, além de o pensamento rápido ajudar a realizar o trabalho com mais eficácia, encontrar mais tempo para desempenhar suas funções tornará o serviço *mais* dinâmico e bem menos frustrante. Obviamente, o objetivo é seguir as dicas deste livro para evitar o excesso de trabalho novamente. Mas se a vida lhe impuser isso outra vez, pelo menos tente buscar mais tempo para lidar com isso.

pensamento inteligente

ORGANIZE-SE

O tempo pode se tornar um bom aliado se você aprender a lidar com ele e distribuir suas tarefas de modo objetivo e organizado. Se você já conseguiu se organizar para ler este livro, ótimo, está no caminho certo.

Psicologicamente, quanto mais tempo você tem para realizar um trabalho, mais gerenciável e passível de solução ele parece

1 crie tempo

Suponhamos que você esteja bastante atribulado, com serviços que consumirão seu tempo ao longo dos próximos dois dias, e comprou este livro para ajudá-lo. O livro informa que é necessário buscar *mais algum tempo* para fazer o recomendado. Maravilhoso. Justamente o tipo de livro de que você precisava.

Ele o ajuda a se organizar, mas parece não resolver o fato de que você precisa encontrar ainda mais tempo. Bem, no fundo você sabe, é claro, que todo esse trabalho não vai simplesmente evaporar. Só que não há outra opção além de agir — e isso custa tempo. Porém, para demonstrar que eu mesmo vou ajudá-lo, posso começar oferecendo alguns indicadores que o ajudarão a encontrar o tempo de que você precisa.

SEU CHEFE QUER VÊ-LO *IMEDIATAMENTE*

Você pode imaginar que simplesmente é impossível ganhar um único minuto, mas aposto que conseguirá se tiver um bom motivo para isso. Para qual das situações a seguir você encontraria tempo apesar de ter uma pilha enorme de trabalho sobre sua mesa?

- O diretor está prestes a decidir quem será promovido e a primeira coisa que ele quer fazer amanhã pela manhã é conversar com você durante uma hora.

- Seu melhor cliente telefona para dizer que é quase certo que vai querer dobrar o total do último pedido — mas precisa que você vá visitar o chefe dele amanhã à tarde.

- A situação é a mesma do item anterior, mas a sede da empresa de seu cliente fica no extremo oposto do continente.

Não há dúvidas de que você conseguiria encontrar tempo para a maior parte dessas coisas (se não para todas elas), por mais complicado que fosse pôr em prática esse plano imprevisto. Pois é. Limpar sua mesa não é tão urgente nem tão importante quanto qualquer um desses compromissos. A questão é que é possível encontrar tempo quando se trata de uma situação imprescindível. Você precisa apenas decidir que precisa fazer isso. Como comprou este livro, acredito que não haverá necessidade de ser persuadido, mas, por desencargo de consciência, leia a seguir por que é tão importante ter o controle sobre seu trabalho em vez de ser controlado por ele:

- Se o trabalho fica acumulado, é provável que você perca a oportunidade de realizar tarefas realmente urgentes até que seja tarde demais para realizá-las de modo adequado.

- Ficar sobrecarregado de trabalho é muito estressante.

Só que não há outra opção além de agir — e isso custa tempo

- Se você não consegue se livrar da rotina, não conseguirá encontrar tempo para trabalhos importantes e proativos.

 pense rápido

GANHANDO UM DIA INTEIRO

Convença-se de que uma apresentação crucial para a diretoria da empresa ou para a manutenção de um cliente importante está marcada para amanhã e consumirá todo o seu dia. Você consegue fazer isso? Perfeito. Agora, uma boa notícia: a apresentação foi cancelada. Portanto, você poderá dedicar o dia inteiro para se livrar de todo aquele serviço acumulado.

- **Pessoas de sucesso são aquelas que conseguem realizar coisas. Pessoas com pilhas de trabalho acumulado sobre a mesa não conseguem cumprir seus compromissos.**

- **Quando algo importante aparece, é impossível dar a atenção adequada sem deixar outras coisas de lado.**

GANHE TEMPO

Você já sabe o que precisa ser feito. A única questão pendente é como encontrar tempo. Tente dedicar o dia todo para isso, caso seja possível, e evite interrupções:

- **Decida com antecedência em qual dia você limpará sua mesa e anote em sua agenda de modo bastante visível. Não permita que *nada* o desvie de seu objetivo. Anote na agenda como se fosse o dia de uma reunião muito importante ou a data de seu vôo de volta da Austrália.**

- Consiga ajuda de assistentes, secretárias ou outra pessoa que possa auxiliá-lo. Peça a eles que digam que você não está disponível a qualquer um que pergunte, que atendam educadamente todos os telefonemas e os visitantes, que não tragam mais nenhum outro serviço e que não o perturbem durante o dia inteiro — só desta vez.

- Você pode perceber que trabalhar em casa durante uma parte do dia ou durante o dia inteiro pode ser bastante útil, caso possa fazer isso. Melhor ainda seria trabalhar num lugar onde ninguém pudesse localizá-lo. Talvez você possa trabalhar na casa de amigos (mas certifique-se de que eles estarão fora e não o perturbarão nem o tentarão com um convite para o almoço).

- Noites e fins de semana estão longe do ideal, pois é impossível delegar tarefas nessas ocasiões ou ordenar alguns serviços que podem ser realizados somente durante horário comercial. Mas você pode fazer a primeira parte do processo — a preparação —, que pode demorar horas, e chegar no escritório com uma pilha de tarefas a serem feitas (e para as quais você ainda precisa arrumar tempo) e outra a serem delegadas. Isso economiza bastante seu tempo de trabalho no escritório e pode ser uma boa opção.

pensamento inteligente

COCORICÓ

Se você simplesmente não consegue arrumar tanto tempo livre de uma só vez, que tal chegar ao escritório uma hora mais cedo todos os dias durante uma semana? Isso lhe renderia cinco horas sozinho no escritório, sem ninguém para atormentá-lo. Seja disciplinado e não se permita fazer, durante essas cinco horas, nada além do trabalho acumulado.

Agora você está claramente comprometido com a busca de meios para se livrar do excesso de trabalho. Você encontrará tempo simplesmente porque deve encontrar. Quanto mais adiar, pior fica (é o que a minha mãe costumava dizer sobre a arrumação do meu quarto, que é praticamente a mesma coisa; e, por mais que me doa dizer, ela estava certa). Então os três passos principais são:

▶ **Determinar** quando fazer isso.

▶ **Cumprir** a determinação.

▶ **Eliminar** as distrações e as interrupções.

Simples assim, de verdade.

pense rápido

O DIA DE TRABALHO

Durante seu dia de trabalho, certamente há momentos menos atribulados, em que o telefone toca menos e há menos pessoas o solicitando.

Quais são esses momentos? Identifique-os e se concentre apenas em suas tarefas.

Quanto mais adiar, pior fica

2 seu objetivo

Talvez você não estivesse esperando por isso. De fato, você deve estar se perguntando onde o estabelecimento de objetivos entra como fator para aliviar o excesso de trabalho. Não falo do objetivo deste processo específico — pois sabemos que a proposta disso tudo é acabar com aquela pilha de documentos e serviços acumulados sobre sua mesa. Falo de algo maior: seu objetivo pessoal. Por que você está lendo este livro?

Você pode ter somente algumas poucas horas para limpar o excesso, mas precisa dedicar os próximos cinco minutos a isso. É fácil esquecer — em meio a tantas reuniões semanais, orçamentos, pedidos de informação, telefonemas, aprovação de pedidos e tudo o mais — que suas funções são outras: aumentar as vendas, elevar a satisfação do consumidor, ser relações-públicas, aumentar a produtividade ou qualquer outra coisa que sua empresa o pague para fazer.

pense rápido

ARRUMAR TEMPO CUSTA TEMPO

Identificar seu objetivo não deve demorar muito — cinco minutos, no máximo, mas provavelmente menos. No entanto, a redução do excesso de trabalho pode ser um processo muito mais rápido do que o esperado se você dedicar a ele o tempo necessário.

Claro que todas as outras coisas são importantes, e não estou sugerindo que não sejam feitas. Porém se você não se aproximar de seu objetivo principal, todo o resto perde o valor. Portanto, identifique um objetivo claro. Eis alguns exemplos:

- **vendas: aumentar os lucros**
- **contabilidade: assegurar o perfeito funcionamento dos sistemas de cobranças e de pagamento**
- **produção: aumentar a produtividade**
- **distribuição: garantir distribuição rápida e de qualidade a custo mínimo**
- **marketing: conquistar consumidores fiéis e atrair novos clientes**

Se você não se aproximar de seu objetivo principal, todo o resto perde o valor

pensamento inteligente

O QUE VOCÊ VAI DEIXAR PARA TRÁS?

Se não ficou muito claro qual deveria ser seu objetivo, faça a si mesmo a seguinte pergunta: Quando você deixar de realizar essa função, qual aspecto particular de sua empresa você espera ter melhorado? A satisfação dos clientes? O volume de vendas? A produtividade? Os custos? A imagem? Sua resposta mostrará qual deve ser seu objetivo.

Você pode atuar em qualquer uma dessas áreas e sentir que a principal motivação de seu trabalho talvez seja um pouco diferente. Não tem problema. Trata-se apenas de alguns exemplos. Como executivo de marketing, por exemplo, sua função principal pode ser tão-somente atrair novos consumidores enquanto uma equipe de vendas cuida da fidelização dos clientes.

Se você realmente não tem nenhuma idéia de qual seja seu objetivo, há algo fora de ordem em sua empresa e eu suspeito de que você não seja a única pessoa com excesso de trabalho. Suas funções devem ser esclarecidas. Caso as desconheça, seu chefe precisa responder-lhe com objetividade.

É preciso que seu objetivo seja claro, pois não conseguirá priorizar suas tarefas sem ele, como veremos mais adiante. É compreensível que o trabalho que o ajuda a alcançar diretamente seu objetivo seja muito mais importante do que toda aquela montanha de serviço que nada tem a ver com suas metas. Não é possível identificar quais tarefas enquadram-se nessa categoria enquanto você não conhecer seu objetivo. Por mais ocupado que esteja, esse passo é essencial.

na próxima vez

Assim que tiver reduzido o excesso de trabalho, seu objetivo continuará sendo importante para ajudá-lo a priorizar os serviços no futuro. Mas isso não é tudo. Um modo eficaz de se trabalhar é escrever todos os dias em sua agenda aquilo que serve diretamente à busca de seu objetivo. Encontre tempo suficiente durante uns dois dias por semana para lidar somente com aquilo que serve à sua meta. Inclua tempo para ter novas idéias também.

As pessoas que conseguem fazer isso são as que realmente têm sucesso na profissão. Elas não se limitam a simplesmente manter a engrenagem azeitada. Elas fazem acontecer. Essas pessoas são notadas pelos gerentes e sobem na carreira com mais velocidade. Portanto, se você ainda não é uma dessas pessoas, está na hora de começar a ser.

É preciso que seu objetivo seja claro, pois você não conseguirá priorizar suas tarefas sem ele

3 organize as tarefas

Tudo bem, eu sei, você só quer seguir em frente e *fazer* seu trabalho, sem essa história de organizar tudo primeiro. Mas confie em mim: a organização realmente o ajudará muito no longo prazo. Você não só conseguirá se livrar rápido da pilha de trabalho acumulado, como também trabalhará melhor. De verdade.

Existem dois motivos para se passar por este estágio:

- Psicologicamente, muitos dos problemas com relação ao acúmulo de trabalho residem naquilo que sua cabeça observa como uma imensa e nebulosa pilha de tarefas pendentes — algumas anotadas, outras gravadas no computador ou no correio de voz, outras em sua mente —, e parece ser impossível dar um jeito nessa situação. Mas, assim que você se organizar, assumirá o controle e resumirá o problema em uma fórmula capaz de ser compreendida. Isso, de algum modo, faz todo aquele trabalho parecer bem mais gerenciável, dando a você um bom ânimo.

- Assim que tiver organizado seu trabalho de maneira lógica, será possível realizar suas tarefas pendentes com mais eficiência. Lidar com elas aleatoriamente pode fazê-lo perder o rumo e desperdiçar a oportunidade de desenvolver seu trabalho. Você pode descobrir, por exemplo, que alguma de suas tarefas pendentes pode estar desatualizada e ser redundante. Se você deparar com o trabalho redundante primeiro, trabalhará nele para depois descobrir que apenas perdeu tempo uma vez que aquilo não tinha mais nenhuma utilidade. Portanto, a organização do trabalho vai acelerar a solução do seu problema.

Então, como você vai se organizar? Comece anotando tudo em um pedaço de papel. Sim, em um pedaço de papel. Esqueça a tela do computador, pois você precisa fazer as coisas ao seu redor se movimentarem fisicamente. Anote qualquer uma das tarefas que existem somente na sua cabeça. Anote-as numa folha diferente, pois elas podem acabar parando em pilhas distintas. Imprima idéias, e-mails ou qualquer documento que exija uma ação imediata. Você também vai precisar anotar datas importantes em sua agenda ao longo dos próximos dias, principalmente para saber quais prazos coincidirão.

pensamento inteligente

CRIE ESPAÇO

Crie espaço físico para essa fase do processo, assim você saberá se localizar. Quando o trabalho parecer fisicamente organizado, sua cabeça ficará ainda mais em ordem. Se trabalhar em meio a pilhas de papel e documentos amontoados sobre a mesa, sua mente continuará desorganizada. Portanto, encontre uma mesa limpa para organizar seus papéis. Você pode até mesmo usar o chão.

Divida as tarefas em grupos

Agora você precisa começar a dividir as pilhas de papel. É nesse ponto que você deve começar a relaxar, pois está conseguindo uma coisa importante: criar ordem em meio ao caos. Então qual é a utilidade dessas pilhas de papel? Bom, isso vai depender do seu trabalho. Você precisa criar uma pilha para cada tarefa importante que tenha de realizar. Você provavelmente encontrará alguns papéis que já estão reunidos, como uma pilha de anotações sobre idéias do que fazer durante uma apresentação prevista para a semana seguinte, ou um arquivo repleto de informações sobre seu orçamento que deveria ter sido compilado.

Essas são algumas das categorias nas quais você pode dividir suas tarefas. O ideal seria criar uma pilha para cada um dos projetos importantes em que esteja empenhado:

- **uma lista de requisitos, descrição de cargo e outras informações para uma vaga que você precisa preencher**
- **um monte de anotações com idéias para uma apresentação que só ocorrerá no mês que vem**
- **uma pilha de cartas para assinar**
- **um arquivo com dados úteis para um relatório que você está escrevendo**
- **uma lista de telefonemas que precisam ser respondidos**
- **tudo aquilo que precisa ser arquivado**
- **uma lista de material para leitura**

... e todo o resto que existir. Você precisa identificar coerentemente cada um desses grupos, mas a idéia geral é essa.

Separe as sobras

Talvez você depare com alguns itens que não se encaixam em nenhuma das categorias. Trata-se de tarefas isoladas ou de vários trabalhos que se relacionam, mas não constituem um grupo. Pode ser também, é claro, que algumas coisas não passem de lixo: números desatualizados, e-mails que não precisam mais ser respondidos, recados para telefonar para colegas que saíram da empresa há um ano (tenho certeza de que seu trabalho acumulado não está tão atrasado assim). Então você vai precisar de mais duas pilhas:

pense rápido

MAIS EM VEZ DE MENOS

Nesta etapa, se ainda houver alguma dúvida, você deve pensar em compor o maior número possível de grupos, e não o menor. Talvez você sinta a necessidade de separar algo em dois grupos num determinado momento. Seria melhor colocar todo esse material em uma pilha ou em duas? Faça o que achar melhor. Caso não tenha certeza, divida-o provisoriamente em dois grupos. Não perca tempo quebrando a cabeça com relação a isso. (Será bem mais fácil reunir tudo na mesma pilha mais tarde caso você mude de idéia.)

1. *Miscelânea*: É nesta pilha que você vai colocar tudo o que não leva a lugar nenhum. Porém, ela se tornará uma pilha de tudo o que não foi separado da maneira correta, o que não significa exatamente uma coisa boa. Portanto tente manter essa pilha bem pequena. Se ela começar a crescer demais, talvez você perceba que novos grupos poderão ser criados a partir desse monte de papel. Suponha que você tenha colocado nessa pilha um lembrete para conversar com uma pessoa de sua equipe que está com problemas, um e-mail de um colega pedindo a liberação de três funcionários para ajudar numa apresentação marcada para a semana seguinte ou um pedido de um subordinado para que sua mesa seja mudada de perto da máquina de café para outro lugar mais calmo por causa da bagunça. Isso pode servir de base para que você crie um grupo de assuntos pessoais.

2. *Lixo*: Sinta-se livre para jogar fora tudo o que julgar desnecessário. Tenha em mente, porém, que mais tarde haverá outra oportunidade de jogar outras coisas fora. Então não perca muito tempo pensando nisso agora. Se achar que não tem problema, vá em frente, mas não desperdice tempo divagando sobre isso. É melhor seguir adiante e organizar seus grupos com rapidez.

pensamento inteligente

EMPILHAMENTO POSITIVO

Você pode amontoar todos os papéis inúteis diretamente no lixo se quiser. Mas, se houver muita coisa para jogar fora, seria interessante manter uma pilha desses papéis para você ter a noção do progresso. Esse tipo de motivação tornará a organização mais agradável, além de permitir que você trabalhe com mais agilidade, é claro.

Ao término desse processo, você precisa formar, além das montanhas de miscelânea e lixo, de seis a doze grupos principais e alguns blocos menores. Você provavelmente gastará algo em torno de meia hora ou um pouco mais nessa etapa. Depois disso, é possível que já comece a se sentir um pouco melhor.

pensamento inteligente

Não pense que todo mundo mantém o mesmo alto padrão organizacional que você. Se alguém prometer que vai lhe telefonar novamente, tome nota, pois se essa pessoa não cumprir o prometido, você ainda estará na jogada. Caso contrário, essa pendência se perderá, por exemplo, até dois minutos antes da reunião para a qual você contava com a informação que receberia daquela pessoa. O mesmo vale para fornecedores que se dirigem a você com aquele disse-que-disse. Todas as semanas, quando for limpar sua pilha de miscelânea, vai acabar deparando com algo assim.

Você provavelmente gastará algo em torno de meia hora ou um pouco mais nessa etapa

Mantendo as notas

Caso sinta novamente que está com muitas tarefas acumuladas (como se fosse possível), seria interessante ter trabalhos acumulados que não estivessem em diversos pedacinhos separados de papel. A forma mais simples de contornar o fato é carregar sempre consigo um caderninho de anotações para escrever nele o que precisar. Essas anotações devem incluir todas as suas idéias superficiais e devaneios que lhe ocupam a mente. Coloque no papel. Se alguém lhe repassar recados em pequenos pedaços de papel, guarde-os em seu bloco de anotações.

Desde que você não esqueça seu bloquinho no metrô, tudo ficará bem. E, por ser portátil, é possível carregá-lo aonde for. Como uma espécie de bônus, você ganha cinco minutos ou mais sempre que estiver fora do escritório, pois não precisará voltar para procurar aquelas informações. Elas estarão em seu bloco de anotações.

na próxima vez

É mais eficaz lidar com um projeto de cada vez do que ficar pulando de uma tarefa para outra. O ideal seria manter desde o início um arquivo para cada um de seus projetos ou grupos lógicos de tarefa. Assim, cada e-mail ou recado anotado em papel iria diretamente para o arquivo correto. Você também pode fazer um arquivo de miscelânea, normalmente conhecido como arquivo de mesa, mas separe um tempo toda semana para limpá-lo. Que tal fazer isso toda sexta-feira, meia hora antes do final do expediente, e ir embora assim que esse arquivo estiver limpo? Não vai demorar muito.

pausa no pensamento rápido

PARE UM POUCO

Dê um tempo. Estamos chegando lá.

> As anotações devem incluir todas as suas idéias superficiais

4 prioridades

Desculpe-me, mas ainda não há tempo para voltar ao seu trabalho. Antes você precisa saber quais serviços devem ser realizados em primeiro lugar. Você corre contra o relógio e não pode limpar todo o trabalho instantaneamente. Algumas coisas ficarão para mais tarde. Portanto, é necessário certificar-se de que a execução do trabalho segue a ordem correta. As tarefas mais importantes recebem a merecida atenção e nada essencial está sendo deixado para mais tarde. Existem dois aspectos da priorização que precisam ser adequadamente divididos:

 importância

 urgência

IMPORTÂNCIA

É aqui que seu objetivo torna-se útil na prática. Apenas analise um grupo por vez e compare-o com seu objetivo — aumento dos lucros, melhora da satisfação do cliente ou qualquer que seja sua meta. Essa tarefa o ajudará a atingir seu objetivo diretamente? Classifique cada grupo de tarefas a realizar com as letras A, B e C, sendo que A significa que o trabalho é essencial para o cumprimento de sua meta e C significa que sua relevância para seu objetivo é relativamente pequena.

Suponha que você seja um gerente de contas. Veja a seguir três grupos de tarefas comparados com seu objetivo: garantir a perfeição do funcionamento de sistemas úteis de pagamento e cobrança. Você deveria conseguir enxergar quais trabalhos são essenciais e quais não são.

Lembre-se, você não está preocupado com a urgência no momento. Isso virá mais tarde. Agora estamos só estabelecendo o grau de importância.

Faça distinção entre tarefas urgentes e importantes

Grupo de tarefas	Objetivo	Importância para o objetivo
Prepare uma apresentação para convencer a diretoria a investir em um novo programa de computador.	Garantir a perfeição do funcionamento de sistemas úteis de pagamento e cobrança.	A
Planeje uma mudança para uma sala maior.	Garantir a perfeição do funcionamento de sistemas úteis de pagamento e cobrança.	C
Planeje a seleção do novo supervisor de contas.	Garantir a perfeição do funcionamento de sistemas úteis de pagamento e cobrança.	B

A apresentação, por exemplo não precisa ser preparada da noite para o dia, mas, quando chegar a hora, ela se tornará essencial.

Poucas pessoas têm mais de um objetivo no trabalho e isso é menos comum do que você imagina, pois seu objetivo é bastante amplo e normalmente está muito próximo do objetivo do departamento. Não se sinta tentado a pensar que você tem mais de um objetivo quando na verdade tudo faz parte de uma meta mais ampla. Talvez sua função sirva a dois departamentos. Talvez você trabalhe para os setores de vendas e de marketing.

Neste caso, qualquer tarefa que seja crucial para *seu* objetivo será classificada com a letra A. Assim você poderá priorizar da mesma maneira que faria se tivesse apenas um objetivo.

Você deve começar a observar quanto tempo se economiza quando todas aquelas anotações são se-

 pensamento inteligente

E SE...?

Se tiver dificuldade para determinar a importância de algum grupo de tarefas, pergunte a si mesmo o que aconteceria se simplesmente não o fizesse. Qual seria seu efeito sobre a organização? Se a resposta for diminuição dos lucros, aumento dos custos ou danos à imagem da empresa, por exemplo, a classificação deve ser A. Se a resposta tiver poucos efeitos de longo prazo, por exemplo, classifique como C.

paradas em grupos. Em vez de ter de estabelecer a importância de centenas de tarefas, será necessário cuidar de apenas algumas dezenas delas, quando muito. Todas as tarefas contidas numa categoria têm o mesmo grau de importância.

Urgência

As tarefas urgentes são, obviamente, aquelas que devem ser realizadas no menor prazo possível. Ao priorizar o trabalho, você deve identificar a urgência separadamente da importância, caso contrário ficará atrapalhado. Algumas tarefas merecem somente um C quando comparadas com seu objetivo, mas ainda assim você sabe que precisará cuidar delas — e em breve.

Portanto, identifique os grupos de tarefas urgentes separadamente. Organizar a mudança para uma sala maior, por exemplo, pode ser urgente, apesar de estar classificada na categoria C no que diz respeito ao cumprimento de sua meta. Esses grupos urgentes serão colocados numa lista geral de prioridades, como veremos adiante. Entretanto, não se deve gastar muito tempo com essas tarefas (a não ser que elas também sejam muito importantes). Há tarefas que precisam sair do caminho primeiro, só isso.

E se houver tarefas em sua lista que você não considere urgente, mas outra pessoa sim? Por exemplo: um de seus colegas não pode concluir os detalhes para a apresentação à imprensa enquanto você não

Todas as tarefas contidas numa categoria têm o mesmo grau de importância

decidir a data da divulgação. Ainda restam algumas semanas, e você não tem pressa, mas seu colega pode estar muito irritado com isso.

Se a execução dessa tarefa for realmente rápida, provavelmente será melhor qualificá-la como urgente e deixar todo mundo feliz. Mas pode ser algo demorado. E aí? Nesse caso, seja objetivo. O motivo que seu colega tem para pressioná-lo é bom? Qual a importância dessa divulgação à imprensa? Qual a importância de se ter uma data precisa agora? Analise e determine se a tarefa é realmente urgente, e não apenas se ela é urgente para você ou para alguma outra pessoa.

Suas prioridades

Agora você já pode colocar todos os seus grupos de tarefas em ordem de prioridade. Os primeiros a serem realizados são os realmente urgentes, mesmo que não sejam tão importantes assim. (Caso seja algo urgente e importante, deve estar no topo da lista, é claro.) Depois aparecem as tarefas restantes em ordem de importância:

1. urgente e importante

2. urgente

3. importante (A)

4. importante (B)

5. importante (C)

pensamento inteligente

PALAVRA DE ALERTA

É muito tentador colocar em primeiro lugar suas tarefas favoritas e deixar aquelas de que não gosta para o fim. Não faça isso. Seja excessivamente objetivo com relação ao ranking de tarefas ou acabará voltando para onde estava antes de começar a ler este livro — com trabalhos sem importância prontos e um amontoado de tarefas urgentes e importantes sobre sua mesa que deveriam ter sido priorizadas. Você terá de lidar com isso mais cedo ou mais tarde. Caso se trate das tarefas de que não gosta tanto assim, seja rápido e certeiro.

Mesmo as tarefas menos importantes serão realizadas a tempo, pois eventualmente elas se tornarão urgentes e saltarão para o topo da lista — isso se você não as tiver realizado antes (e se não tiver chovido canivete...).

Presume-se que você tenha começado a ler este livro porque tinha pela frente uma imensa pilha de serviço acumulado e queria se livrar dessa situação para recomeçar com a mesa limpa. Este livro parece sugerir, improvavelmente, que você pode realizar todas essas tarefas em apenas uma hora se souber como fazer isso.

De fato — como deve estar ficando aparente —, você não precisa *fazer* tudo de uma vez. Pode realizar

---

O verdadeiro exercício está na decisão sobre quais tarefas realizar imediatamente e como lidar com as restantes

apenas algumas tarefas agora, delegar umas e adiar outras. O verdadeiro exercício está na decisão sobre quais tarefas realizar imediatamente e como lidar com as restantes com base em um cronograma realista. Isso é um alívio!

pense rápido

CÓDIGO DE CORES

Por que não usar três cores diferentes de arquivos para todo o seu trabalho, codificado de acordo com o grau de importância? Isso significa que você vai constantemente lembrar a si mesmo quais as prioridades, além de conseguir economizar bastante tempo quando resolver priorizar o excesso de trabalho (mesmo que ele não esteja acumulado).

na próxima vez

Se quiser evitar mais acúmulo de trabalho no futuro, uma das maneiras é priorizar suas tarefas logo no começo. Sempre que aparecer um novo projeto ou que você abrir um novo arquivo, determine um grau de importância — A, B ou C — comparando a tarefa com o cumprimento de seu objetivo.

Todas as semanas, de preferência nas manhãs de segunda-feira, priorize todos os arquivos pendentes para o período. Isso não servirá apenas de lembrete para as tarefas nas quais deverá se concentrar — talvez aquela apresentação seja a principal tarefa dessa semana —, como também o sistema vai ajudá-lo a lembrar de qualquer tarefa classificada como baixa prioridade que possa estar se tornando alta prioridade.

Quando for rever tempo para as tarefas urgentes que têm pouca importância para o cumprimento de seu objetivo, não aloque mais tempo que o necessário. Não se deve enrolar com essas tarefas. Elas precisam sair do seu caminho o mais rápido possível para que os trabalhos importantes sejam realizados.

Todas as semanas, de preferência nas manhãs de segunda-feira, priorize todos os arquivos pendentes para o período

5 as opções

Agora que você sabe em qual ordem precisa trabalhar seus grupos, finalmente é hora de colocar a mão na massa — mas daqui a pouco. Antes, você ainda precisa analisar as tarefas de cada grupo e dividi-las em quatro categorias. O objetivo desse processo é identificar as tarefas que você realmente precisa realizar agora e buscar uma alternativa para lidar com todo o restante. É aqui que sua pilha de trabalho acumulado começa a diminuir consideravelmente a ponto de se tornar gerenciável. Isso significa tempo bem gasto, independentemente de quanto tempo você disponha.

Existem apenas quatro coisas que você pode fazer com suas tarefas:

- **jogá-las no lixo**
- **delegá-las**
- **adiá-las**
- **executá-las**

Qual opção escolher?

Assim que analisar cada um dos grupos, distribua tudo nessas quatro categorias. Veremos detalhes sobre delegar e adiar serviços mais adiante neste capítulo, e no próximo capítulo trataremos das tarefas que não podem ser descartadas. Leia a seguir o que você precisa saber sobre essas quatro categorias:

Jogue no lixo. Você já passou por uma sessão de descartar o supérfluo, mas agora chegou a hora de ser radical. Conscientize-se de que você tem uma imensa carga de trabalho acumulado e simplesmente não pode se dar ao luxo de perder tempo com coisas desnecessárias nem arrumar espaço para elas sobre sua mesa. Em caso de dúvida, simplesmente jogue fora. Suponha que você tenha jogado fora cinquenta anotações e documentos, mas tem dúvida sobre dez deles. Qual o problema em ter dúvida? Talvez uma dessas dez tarefas realmente precisasse ser feita por você. E daí? Sempre é possível requisitar uma cópia de uma fatura ou recuperar um número de telefone que você achou que não fosse mais precisar. Jogue fora agora e enfrente conseqüências menores mais tarde. Mas é muito provável que não haja nenhum problema.

Delegue. Delegar é uma questão de experiência (não se preocupe, você terá aprendido isso até o fim deste capítulo). Por enquanto, você precisa saber apenas quais tarefas delegar — aprenderemos a delegar mais adiante. É você quem precisa realizar a tarefa? A resposta é muito simples. Caso não seja, passe para outra pessoa,

> Identifique as tarefas que você realmente precisa realizar agora e uma alternativa para lidar com todo o restante

pensamento inteligente

DEIXE PARA DEPOIS

Não se sinta tentado a fazer as coisas mais importantes agora apenas porque elas são importantes. Se não são urgentes, ainda podem ser adiadas. Isso lhe dará mais tempo para se dedicar a elas, de acordo com as necessidades.

seja a tarefa urgente ou não. Eis outro alerta: às vezes é mais demorado explicar como realizar uma tarefa do que você mesmo fazer o serviço. Ao delegar do modo correto (como veremos), não haverá esse problema. Mas quando você tem urgência em limpar a mesa de trabalho, é mais fácil deixar algumas tarefas rápidas na pilha de pendências do que na de 'a delegar'.

Adie. De novo, veremos como lidar com isso mais adiante. Mas, essencialmente, se um trabalho precisa ser feito por você, mas não há urgência, é possível deixar para depois. Bastante óbvio. A questão é que não existe motivo para adiar projetos que devem ser entregues daqui a dez dias para o fim da semana seguinte, porque você simplesmente o deixaria em cima da pilha de trabalho da próxima semana e ele acabaria se tornando urgente. Se isso acontecer, você se verá diante desse mesmo processo na sexta-feira seguinte.

Execute. Tudo o que não puder ser jogado fora, delegado ou adiado, terá de ser feito. No entanto, quando você chegar ao fim dessa triagem, sua pilha de serviços denominada "pendências" estará muito menor em comparação à hora em que você começou a mexer naquela montanha de serviços acumulados.

DIVIDA SEU TEMPO

Você precisará dar uma rápida olhada em todos os seus grupos — ou pelo menos naqueles que são mais prioritários — antes de seguir adiante. Teoricamente, você pode achar que se livrará de cada grupo rapidamente assim que separá-lo, mas depois descobrirá que vai ficar muito difícil planejar seu tempo se fizer desse modo. Suponha que você disponha de quatro horas para se livrar do trabalho acumulado. Quanto tempo você gastará com o primeiro grupo? Isso vai depender de quanto tempo lhe restará para encaixar o restante do trabalho no que falta dessas quatro horas, não é verdade? E isso é determinado por quantas tarefas desse grupo você terá de realizar hoje. Portanto, você terá de fazer uma triagem básica entre seus grupos principais para alocar tempo adequadamente.

Assim que tiver analisado seus grupos e puder ver quais são as tarefas que mais consumirão seu tempo agora, planeje seu tempo antes de começar. Leve em conta tanto o volume estimado de trabalho desse grupo quanto sua importância. Lide com os

pensamento inteligente

RESERVE TEMPO

Quanto mais cedo você identificar as tarefas urgentes que possam ser delegadas, mais rápido o trabalho começará a fluir. Não é aconselhável delegar uma tarefa a alguém às 16h30 e pedir que tudo esteja pronto às 17h30. É melhor requisitar esse serviço logo depois do almoço. Se não tiver a tarefa em mãos até as 20h30, será quase impossível encontrar alguém a quem possa delegar o serviço antes da manhã do dia seguinte. Você mesmo acabará tendo de fazê-lo. Portanto, identifique logo cedo as tarefas urgentes que devem ser delegadas, assim o trabalho não ficará parado.

grupos na ordem de prioridade estabelecida por você. Assim, se algo der muito errado e seu tempo ficar comprometido, pelo menos as tarefas mais cruciais terão sido realizadas.

Aqui está uma série de diretrizes capazes de ajudá-lo a organizar um cronograma depois da divisão de todo o serviço nas quatro categorias:

1. Delegue primeiro os serviços urgentes (siga os princípios para delegar as tarefas que veremos mais adiante).
2. Separe as tarefas que você pode delegar mais tarde, quando seus pobres subordinados já terão assimilado o choque de ver a pilha de trabalho que você acabou jogando nas costas deles.

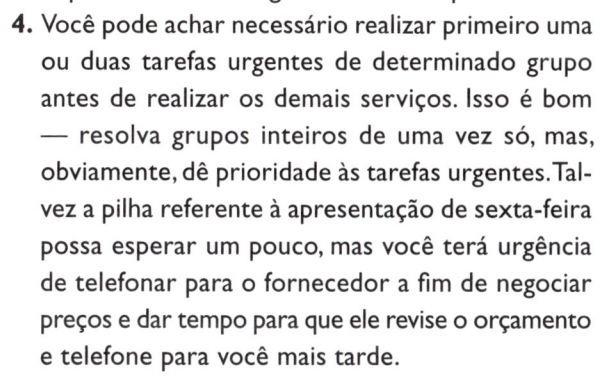

3. Agende suas tarefas de acordo com a urgência de cada uma, mas — a menos que elas também sejam importantes — não gaste muito tempo com elas.
4. Você pode achar necessário realizar primeiro uma ou duas tarefas urgentes de determinado grupo antes de realizar os demais serviços. Isso é bom — resolva grupos inteiros de uma vez só, mas, obviamente, dê prioridade às tarefas urgentes. Talvez a pilha referente à apresentação de sexta-feira possa esperar um pouco, mas você terá urgência de telefonar para o fornecedor a fim de negociar preços e dar tempo para que ele revise o orçamento e telefone para você mais tarde.
5. Conte o número de grupos com os quais é preciso lidar e o tempo de que você dispõe. Organize-se de acordo com a média de tempo que pode ser gasto com cada grupo. Sendo assim, se tiver quatro horas disponíveis e oito grupos de trabalho, você terá meia hora em média para lidar com cada um deles.
6. Agora você pode se abrir para algumas negociações. Suponhamos que você queira mais tempo para trabalhar numa apresentação marcada para a próxima semana. Então, dedique uma hora a isso e limite o tempo de dois grupos menores a quinze minutos. Negocie o tempo de outros grupos até ficar satisfeito com o equilíbrio. Esse processo deve ser rápido, mas duvido que você se sinta inclinado a gastar toda a sua tarde nisso.

> Um bom cronograma é aquele em que o fim do tempo coincide com o fim do trabalho acumulado

pensamento inteligente

INVISTA EM VEZ DE GASTAR

Organizar cronogramas pode não parecer um uso inteligente do tempo. Você certamente já está ansioso para lidar com aquela pilha de trabalho acumulado. Mas essa é a única maneira de assegurar que você não gastará todo o seu tempo antes de realizar o serviço. Uma das primeiras coisas que tendemos a fazer quando estamos com pressa é parar de pensar. Mas, com um pensamento *inteligente* — com objetivo determinado, cronograma estabelecido e tudo o mais —, estaremos investindo alguns minutos agora para poupar tempo mais adiante. Confie em mim.

7. Qualquer que seja seu cronograma, *cumpra-o*. Se estiver adiantado, ótimo. Mas não se permita ficar para trás. Fique de olho no relógio para certificar-se de que está no caminho certo.

Organizar seu tempo pode parecer uma tarefa hercúlea, mas na verdade não é nenhum bicho-de-sete-cabeças. Isso deve custar apenas uns cinco minutos, no máximo, e você ainda terá uma tática à qual se ater pelo resto do dia (ou da noite, dependendo do cronograma).

na próxima vez

Aprenda a reconhecer as tarefas, os e-mails e as anotações que mais tarde poderão assombrá-lo. Em primeiro lugar, não os guarde. Apague sempre que puder as mensagens de e-mail que você já leu. Também não as imprima. Tenha sempre em mente que você saberá onde encontrá-las em caso de necessidade futura. Não as jogue na lixeira reciclável. Se tiver um número de telefone anotado, jogue-o fora caso não precise mais, ou anote-o na agenda se ele for útil, mas não deixe a anotação jogada em qualquer lugar.

Do mesmo modo, delegue o que for possível mesmo que não esteja sobrecarregado. Sempre há coisas mais importantes às quais dedicar tempo — planejamento, desenvolvimento de idéias e muitas outras coisas. Quanto mais cedo você delegar uma tarefa, mais justo será com a pessoa a quem repassou o trabalho, e maior será a chance de o serviço ser bem-feito.

Qualquer que seja seu cronograma, cumpra-o

6 como delegar

Se você lidera uma equipe, está autorizado a delegar. Se vive essa situação e ainda assim está sobrecarregado, há praticamente cem por cento de chances de que não esteja delegando tanto quanto poderia. De fato, delegar exige experiência e conhecimento, além de caracterizar um bom líder de equipe. Assim que você aprende a delegar bem, é muito menos provável que o trabalho acumule (ou pelo menos isso acontecerá com menor freqüência). O ritmo do mundo empresarial moderno é tão veloz que, a menos que delegue tudo o que puder, estará condenado a sumir na montanha de trabalho — e rapidamente.

Entendendo o ato de delegar

O ato de delegar muitas vezes não é bem compreendido. Não se trata simplesmente de repassar tarefas que não se tem tempo de realizar ou não se gosta de fazer. Trata-se apenas de distribuir tarefas a subordinados sem valor de longo prazo. O ato de delegar, em contrapartida, não apenas cria mais tempo para você realizar a importante tarefa de liderar sua equipe como também ajuda a desenvolver os conhecimentos de seus subordinados, tornando a

pensamento inteligente

PASSE ADIANTE

Não pense que, somente porque seu chefe lhe delega tarefas, você também não pode delegar o que lhe foi pedido. Antes de mais nada, ele lhe pediu algo e, de um modo ou de outro, a responsabilidade será sua. Uma vez que seu chefe obtenha o mesmo resultado, que diferença faz quem fez a tarefa?

equipe mais eficaz — com crédito tanto para você quanto para eles.

Portanto, o ato de delegar significa repassar responsabilidade pelas tarefas. Estabeleça um objetivo ao membro de sua equipe a quem delegou a tarefa. Especifique um prazo, um custo, a qualidade do serviço, e permita que ele decida como alcançar esse objetivo. Dessa maneira, ele aprenderá mais e ficará com parte de sua carga de trabalho. A responsabilidade ainda será sua, é claro. Se algo der errado, você leva a culpa — mas metade desse conhecimento está em delegar bem para que nada saia errado, como veremos adiante.

Muitas pessoas têm medo de perder o controle ao delegar parte de sua carga de trabalho. Mas pense bem no que significa essa perda de controle: os detalhes e as minúcias consomem o seu tempo; os telefonemas, as pesquisas, as mensagens de e-mail e os documentos. Você ainda mantém o controle geral sobre tudo, apenas criou tempo para subir um

> Delegar tarefas cria mais tempo para você realizar funções mais importantes, como conduzir sua equipe

pensamento inteligente

QUANDO VOCÊ NÃO ESTIVER LÁ...

Pergunte a si mesmo: "Se eu ficar doente ou for obrigado a viajar a serviço por um mês, quais tarefas simplesmente deixariam de ser realizadas?" Provavelmente, quase nenhuma. Tudo o que não estiver nessa lista pode ser delegado.

degrau para ter uma visão mais ampla do campo de batalha. Você pode vislumbrar oportunidades, identificar ameaças a tempo de evitá-las e desenvolver idéias para melhorar os resultados de sua equipe e impressionar seu chefe.

CONHECIMENTOS PARA DELEGAR

Quando estiver organizando o excesso de trabalho e correndo contra o relógio, é bem possível que acabe delegando atividades chatas, mas que precisam ser realizadas para que o trabalho ande rápido. No entanto, nem tudo o que está sobre sua mesa é urgente, e você deveria aplicar os princípios do ato de delegar a cada uma dessas tarefas. Eis os principais passos para que o ato de delegar tenha sucesso:

1. Revise a tarefa e determine o objetivo. E lá vamos nós, determinando objetivos mais uma vez. Você percebeu como a definição dos objetivos é o primeiro passo de praticamente todas as atividades de gerenciamento? Isso acontece porque, se você não souber aonde está indo, suas chances de chegar ao destino certo estarão seriamente comprometidas. Um objetivo é como destino de viagem: assim que você sabe onde quer chegar, pode planejar o percurso, estimar o tempo de viagem, identificar se há atalhos ou caminhos alternativos úteis e ter a certeza de que chegou ao fim da viagem.

Então comece a identificar as tarefas e determine um objetivo. Coloque na mesma pilha os grupos de tarefa que levam ao mesmo objetivo. Assim, se precisar de alguma pesquisa para elaborar uma proposta, encarregue uma pessoa para isso — levantamento de custos, dados sobre performance, opções de pacote, comparações de mercado e todo o resto. O objetivo é encontrar dados que dêem respaldo à sua proposta a fim de torná-la mais convincente.

2. Decida a quem delegar. Nem todas as tarefas combinam com todas as pessoas. Quando tempo não for problema, tente exigir mais de seus subordinados em relação às tarefas que você delegou a eles. Eles acharão isso compensador. Mesmo tarefas cruciais podem ser repassadas a alguma pessoa mais capacitada, embora sem experiência naquela atividade específica. Assim, você contribuirá para que sua equipe acumule constantemente experiência e capacidade.

Ao mesmo tempo, não faz sentido delegar tarefas que representam desperdício de tempo e talento de

> Um objetivo é como destino de viagem: assim que você sabe onde quer chegar, pode planejar o percurso

pensamento inteligente

QUANDO O TEMPO FOR CURTO, APELE PARA A EXPERIÊNCIA

Caso você esteja com pressa, uma boa idéia pode ser delegar uma tarefa a alguém que já saiba o que fazer sem precisar muito de sua ajuda. Quando você tiver tempo, porém, procure alguém que possa crescer e aprender mais com o novo desafio. Assim que essa pessoa estiver treinada, ela se sentirá mais encorajada e você terá mais uma pessoa experiente com quem contar na próxima vez.

---

seus subordinados. Se quiser que alguém faça uma pesquisa, procure por uma pessoa metódica e boa no relacionamento com outras pessoas, caso ela precise extrair informações sobre seus fornecedores concorrentes ou tiver de convencer alguém ocupado a procurar dados. Não repasse essa tarefa, por exemplo, a uma pessoa que funciona melhor para dar o pontapé inicial, mas que tão logo as coisas comecem a andar, queira partir para uma nova empreitada.

3. Defina os parâmetros. Você está repassando um objetivo à pessoa a quem delegou essa tarefa. Mas além de saber qual é a meta e o motivo, ela vai querer saber de quanto tempo vai dispor, qual será sua autonomia (para pedir ajuda de outras pessoas, por exemplo), entre outras coisas. Portanto você terá de definir:

- objetivo
- prazo
- padrão de qualidade
- orçamento
- autonomia
- detalhes sobre quaisquer recursos disponíveis

Entretanto, você não dirá a ela como realizar o serviço. Dirá a seu subordinado o que ele precisa saber para lhe trazer o resultado necessário — dentro de um prazo e de um orçamento compatíveis. Mas como ele alcançará essa meta é problema dele. Retornando à analogia do objetivo como destino de viagem, seu subordinado será livre para planejar a própria rota desde que chegue a tempo, consuma uma quantidade aceitável de combustível e não bata o carro. Em linhas gerais, peça-lhe que diga qual rumo pretende tomar, mas não o faça mudar de curso para se adaptar a você. Se perceber algum problema que ele não previu, aponte e deixe que *ele* procure uma solução.

4. Certifique-se de que a mensagem foi entendida. Incentive seu subordinado a conversar com você sobre a tarefa. Assim você poderá se certificar de que ele entendeu exatamente o que foi pedido e por quê. Você pode dar idéias, desde que não o induza a fazer como você faria.

> Se você perceber algum problema que seu subordinado não previu, aponte e deixe que ele procure uma solução

pensamento inteligente

ABRA O LEQUE

Se a tarefa fizer parte de algum projeto mais amplo e importante — ou até de algo menor, mas com prazo apertado —, você pode delegar os serviços a mais de uma pessoa. Geralmente, a melhor alternativa é indicar um líder e conversar com todos ao mesmo tempo para que saibam o que é necessário.

5. Dê respaldo. Ajude-o em tudo o que for possível. Abra-lhe caminho conversando com o chefe de outro departamento para que seu subordinado conte com o apoio dessa outra equipe; oriente-o a buscar uma informação que você sabe onde possa estar, mas ele não; libere o acesso a documentos úteis; dê a ele uma cópia do rascunho da proposta à qual servirá a pesquisa (acredito que você tenha feito pelo menos um esboço!).

6. Monitore o progresso. Agende reuniões para dar um feedback a respeito de um projeto mais amplo e de prazo mais longo. Mesmo para uma tarefa menor, confira seu desenvolvimento — conversas informais e mais freqüentes são mais eficazes do que uma reunião formal. Isso dá a todos a chance de observar se sua equipe está no caminho certo, se não está perdendo tempo demais com detalhes nem deixando de perceber desdobramentos importantes. Assim,

pensamento inteligente

MONITORE O PROGRESSO

Ser pressionado pelo relógio não significa estar impedido de monitorar o progresso. Afinal, você ainda precisa certificar-se de que as tarefas estão sendo realizadas de modo adequado. Se você delegou uma tarefa urgente e o prazo dado era até o fim do dia, você pode ligar ou dar uma olhada no meio da tarde para ver se tudo vai bem.

a confiança de seus subordinados na realização do serviço aumentará e você terá a certeza de que tudo segue nos trilhos.

Monitorar, no entanto, não significa interferir. Fique atento a qualquer sinal de que sua equipe possa ter cometido um erro sem perceber, mas não se estresse por causa de equívocos banais. Isso é inevitável, e você provavelmente também já cometeu erros bobos ao realizar alguma tarefa. Você deve intervir somente se houver erros graves e deve permanecer atento até certificar-se de que o trabalho voltou ao normal. Retirar de alguém uma tarefa designada é extremamente humilhante e deve ser feito somente em circunstâncias extremas. Se delegar tudo direitinho desde o início, isso nunca será necessário.

7. Avalie a performance. Depois da conclusão da tarefa, sente-se com a(s) pessoa(s) incumbida(s) para avaliar sua performance. Elogie e exalte o que for merecido e, mesmo que a performance tenha ficado aquém das expectativas, destaque os aspectos positivos. Certifique-se de que tanto ela(s) quanto você aprenderam alguma lição com esse exercício. E lembre-se de que a responsabilidade pelo fracasso ou pelo sucesso é sua.

Esses são os princípios básicos do ato de delegar. Agora você pode começar a fazer isso de acordo com suas restrições de tempo. Antes de lidar com o restante de seu excesso de trabalho, delegue qualquer coisa que seja realmente urgente e precise ser feita dentro das próximas 24 horas.

Depois separe todo aquele trabalho restante "a delegar" (ainda agrupado em ordem de prioridade) para que possa passar esse serviço adiante mais tarde e tenha tempo de pensar em cada tarefa de acordo com os princípios que acabamos de abordar. Pronto. Já há uma grande parte de seu trabalho acumulado sendo feito.

pensamento inteligente

SIGA EM FRENTE

Se você delegou um trabalho e ele ficou pronto antes do tempo estimado, você pode estabelecer um prazo adicional e se dedicar a um projeto paralelo. Pode, por exemplo, obter a pesquisa que seria usada em sua proposta dez dias antes da data prevista para sua formalização — dando a você bastante tempo para incorporá-la a seu trabalho.

na próxima vez

Identifique as tarefas a delegar assim que elas chegarem à sua mesa ou assim que perceber a necessidade desse trabalho. Isso lhe dará tempo para seguir adiante, e, para a pessoa a quem você delegou o trabalho, tempo suficiente para terminá-lo.

O objetivo é explorar continuamente os conhecimentos e as habilidades de todos os membros de sua equipe, por isso sempre pense bastante sobre a quem delegar determinada tarefa. Pressionado pelo relógio, você quer apenas repassar o trabalho a alguém que sabe que pode resolvê-lo sozinho. No longo prazo, esse tipo de coisa não será mais um desafio para ninguém. Quanto melhor você delegar, melhor sua equipe desempenhará as tarefas, e mais fácil será delegar no futuro. Além disso, os membros de sua equipe se sentirão motivados, confiantes e valorizados, o que trará mais desenvoltura a todos.

Não considere o ato de delegar uma maneira de se livrar de tarefas que você não gosta ou não tem tempo de fazer. Na verdade, trata-se de uma importante oportunidade de pôr em prática seus conhecimentos e sua experiência como gerente no desenvolvimento de sua equipe.

> Delegar é uma importante oportunidade de pôr em prática seus conhecimentos e sua experiência como gerente

7 adie tarefas

O adiamento deve parecer, num primeiro momento, uma má idéia. Afinal, seria só uma palavra diferente para se referir ao trabalho a ser feito, não é mesmo? Mas não foi assim que você se enrolou todo na primeira vez? Com trabalho demais e tempo de menos, você foi adiando algumas coisas até que uma pilha de trabalho se tornou uma montanha que o impedia de ver sua mesa em meio a tantos documentos e anotações.

Bem, sim e não. O adiamento deve funcionar como uma maneira estruturada e organizada de postergar alguns trabalhos, o que faz uma grande diferença. Significa adiar as tarefas até haver tempo para realizá-las — e criando esse tempo caso seja necessário —, em vez de simplesmente adiar tudo e *não* fazer nada.

Vamos recapitular onde estamos agora para você ter uma idéia de quanto já evoluiu:

- **Você arrumou tempo para ler este livro e conseguiu pelo menos algumas horas para fazer seu trabalho, reduzindo o excesso.**
- **Você identificou seu principal objetivo.**

- Você colocou todas as suas tarefas principais no papel e as organizou em grupos.
- Você criou grupos em ordem de prioridade de acordo com a urgência e com a importância de cada atividade, classificando-as de acordo com seu objetivo.
- Você separou as tarefas de cada grupo em quatro categorias: lixo, tarefas a delegar, tarefas a adiar e pendências.
- Você organizou seu tempo restante (verifique agora como está se saindo).
- Você jogou fora tudo o que foi possível depois de analisar as tarefas contidas em cada grupo.
- Você também está delegando tudo aquilo que não precisa fazer — ou separando atividades para delegar mais tarde, se não forem urgentes.

Agora você deve estar olhando para uma pilha de trabalho bem menor do que a anterior e, em vez de parecer caótica, essa pilha parece estar bem organizada. Espero que esteja começando a ficar orgulhoso. Todas as tarefas restantes precisam ser feitas por você. Não dá mais para jogar fora nem para delegar. Entretanto, ainda restam duas categorias de tarefas: as que devem ser feitas hoje e as que podem ser adiadas. Nós começaremos descobrindo como adiar tarefas com eficácia e, no próximo capítulo, trataremos das tarefas que precisam ser feitas imediatamente.

> Adiar tarefas não significa colocá-las numa pilha de atividades pendentes, mas alocar um tempo específico para lidar com elas

Adiar tarefas não significa colocá-las numa pilha de atividades pendentes, mas alocar um tempo específico para lidar com elas. Quando a vida corre na velocidade de um trem-bala, qualquer tarefa inesperada acaba ficando sobre sua mesa ou martelando na sua mente até que a proximidade do prazo exija uma ação de última hora. Portanto, o melhor a fazer é agendar tudo. Isso mesmo, tudo.

No longo prazo, a chave para se manter no controle de sua carga de trabalho será anotar tudo em sua agenda. Falaremos disso em breve. Neste momento é improvável que você esteja interessado no longo prazo. Você quer apenas livrar-se dessa pilha de trabalho sobre sua mesa.

Então observe os grupos que sobraram. Analise as atividades marcadas em sua agenda ao longo das próximas duas semanas. Agora agende suas tarefas pendentes em ordem de prioridade, estabelecendo tempo para realizar cada uma delas. Desse modo é possível definir metade de um dia para planejar sua proposta e mais um dia na semana seguinte para escrevê-la. Você pode também separar umas duas horas para dar telefonemas que não sejam urgentes. Talvez seja necessário arrumar um espaço na agenda para planejar seu orçamento ou para calcular estimativas. E, é claro, você também precisará de tempo para delegar todas aquelas tarefas, contidas em sua pilha de atividades, que não são urgentes, mas que precisarão ser delegadas.

pense rápido

AGENDE A AGENDA

Se estiver sem tempo agora, reserve em seu bloco de anotações um momento, ao longo dos próximos dois dias, para planejar sua agenda. Assim você não estará apenas adiando a tarefa, mas marcará um dia e um horário para realizar essa atividade. Presumo que você não precise de mim para lhe dizer que, caso não cumpra os cronogramas que você mesmo estabeleceu, acabará tendo de reler tudo isso muito em breve.

Eu já sugeri separar a última hora da tarde de sexta-feira para lidar com as tarefas que não se encaixaram em nenhum grupo (se é que você teve tempo para mexer naquela parte). Portanto, lembre-se de que pode arrumar tempo tanto para os projetos importantes quanto para as tarefas simples, como a organização de correspondências. Você ainda precisará ter em mente seu objetivo e certificar-se de que cada grupo de tarefas receberá o tempo merecido de dedicação. Agende tudo, mesmo que seja algo que levará somente cinco minutos. Caso contrário, pode ser que essa tarefa não venha a ser realizada.

Você precisa certificar-se de duas coisas para que o adiamento seja funcional.

1. **Seja realista.** Não há razão para agendar atividades fora de uma noção realista de tempo. Você se sentirá desmoralizado, o trabalho não será feito e,

> Quando a vida corre na velocidade de um trem-bala, o melhor a fazer é agendar tudo

além de ficar sobrecarregado, estará infeliz. Avalie a tarefa do modo mais rápido e inteligente que puder, mas não tenha a pretensão de operar milagres, como criar trinta horas num dia ou achar que tem uma varinha de condão para fazer a interminável reunião de segunda-feira de manhã com o chefe durar apenas dez minutos. Se você sabe que ela nunca acaba antes das onze horas, não marque nada para antes disso (a não ser que você possa escapar para comparecer ao compromisso na hora da reunião).

2. **Seja firme.** Se não respeitar seu cronograma, então todo este exercício será uma perda de tempo. Se começar a atropelar os prazos, vai acabar se desmotivando e aí não tem como voltar atrás. Portanto, seja realmente duro consigo mesmo. Se sua vida profissional é cheia de interrupções causadas por telefonemas urgentes, arrume tempo para isso. Preveja as interrupções em sua agenda.

pensamento inteligente

NÃO VÁ PARA CASA

Crie para si uma regra segundo a qual você não pode ir embora enquanto não concluir as tarefas previstas para aquele dia. Desse modo, se não realizar suas atividades, pagará por isso tendo de trabalhar até mais tarde. Você aprenderá rápido a fazer previsões realistas e, melhor ainda, o trabalho fluirá. A idéia não é trabalhar até mais tarde, mas certificar-se de que isso nunca aconteça.

pensamento inteligente

CANCELE O QUE PUDER

Reuniões regulares consomem muito do seu tempo. Pior: elas podem ocupar uma parte importante de quase todos os dias, tornando difícil encontrar um dia livre sem ter de notificar o fato semanas antes. Veja se é possível reduzir o número de reuniões regulares. Por exemplo:

- É possível transformar reuniões semanais em quinzenais, ou até mesmo em mensais?
- Algumas reuniões poderiam ser mudadas para teleconferências para tomar menos tempo?
- As reuniões poderiam ser mais restritas? (Isso sempre acelera as coisas.)
- É possível livrar-se de reuniões regulares marcadas por outras pessoas?

pensamento inteligente

COCORICÓ

Seria uma boa idéia arrumar meia hora no início de cada dia para lidar com o excesso de trabalho e resolver situações urgentes e rápidas, como assinar cartas, telefonar a alguém que o procurou no dia anterior, verificar se um membro da equipe está se saindo bem com determinada tarefa que você delegou, responder a requerimentos urgentes, entre outras coisas. Suponhamos que seu horário inicial de trabalho seja nove horas. Então não marque nada antes das nove e meia. Para tratar dessas coisas, isso funciona melhor do que reservar um horário no fim do dia, o qual tende a ser consumido por atividades que surgem no decorrer da tarde.

Se não respeitar seu cronograma, então todo este exercício será uma perda de tempo

E como saber exatamente o que deve ser feito? A maior parte das tarefas já deve estar em sua agenda. Planejar sua agenda significa transformá-la de um livro de referências ocasional em um guia interativo indispensável. Sua agenda deveria ser uma ferramenta essencial para a realização do trabalho, por isso faça anotações regulares nela. Tenha uma grande agenda sobre sua mesa se sua letra for grande demais para uma agenda de bolso. Sempre que alguém lhe disser "me ligue na próxima terça-feira", anote em sua agenda que você precisa telefonar para essa pessoa na próxima terça-feira. Não anote em um pedaço de papel que possa se perder. Acrescente o número de telefone, caso você o tenha em mãos, para poupar tempo na hora de telefonar. Assim sua lista de pendências pode estar preenchida até a metade antes mesmo de você chegar até ela.

Você também deve anotar em sua agenda os telefonemas que prometeram lhe fazer, assim como e-mails e outras formas de contato. Caso contrário, se você deixar a responsabilidade nas mãos de outra pessoa e se decepcionar, a tarefa não estará sob responsabilidade de ninguém. Portanto, sempre que lhe prometerem algo até o fim da semana, anote em sua agenda para verificar na sexta-feira se o que você precisa está pronto.

Você pode priorizar as tarefas de sua lista de pendências de maneira a lidar primeiro com as atividades mais urgentes. Assim, se ocorrer algum incidente, você precisará somente retardar as tarefas menos urgentes. Se elas forem de igual urgência, faça primeiro as mais importantes (de novo, leve em conta o seu objetivo). Você pode priorizar as atividades do modo que melhor lhe agradar. Por exemplo:

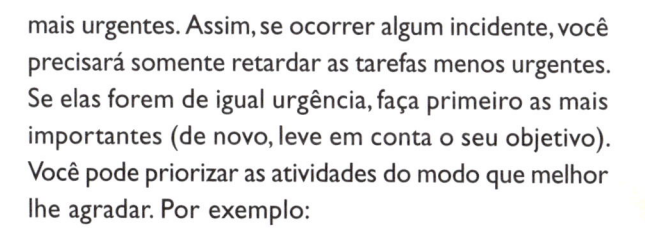

- **divida as tarefas em categorias de prioridade A (maior), B (médio) e C (menor)**
- **crie um código de cores para as tarefas e marque com canetas fluorescentes (três cores diferentes devem ser suficientes)**
- **liste as tarefas em ordem de prioridade para que você perceba o andamento do trabalho**

Portanto, adiar tarefas não é a mesma coisa que suspendê-las. Trata-se de uma maneira de criar tempo para que todas elas sejam realizadas com eficácia e no menor tempo possível. E você nunca mais terá de lidar com um excesso de trabalho semelhante.

pensamento inteligente

A CAMINHO DO TRABALHO

Por que não planejar seu dia a caminho do trabalho? Se for de trem, de ônibus ou de carona, poderá escrever sua lista de tarefas a realizar e os telefonemas pendentes no caminho. Se dirige, pode ir pensando em como organizar o dia ou usar um gravador e anotar tudo assim que chegar ao escritório.

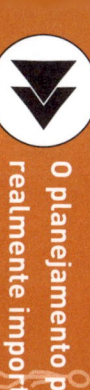

O planejamento permite que você empregue seu tempo em coisas que realmente importam

na próxima vez

O planejamento diário é uma qualidade fundamental para manter o controle referente ao excesso de trabalho e — na mesma proporção — é importante para garantir que a maior parte do seu tempo seja aplicado em tarefas realmente importantes: aquelas que conduzem a seu objetivo principal.

Assim que tiver oportunidade (e você pode anotar isso em sua agenda agora), arrume tempo para planejar sua agenda para o restante do ano. Não, não se trata de um erro gráfico. A palavra correta é 'ano' mesmo. Você deve sentar-se uma vez por ano e anotar as datas importantes em sua agenda. Obviamente não é possível prever tudo com tanta antecedência. Por isso seria interessante fazer um planejamento no início de cada mês, sem deixar de lado os planejamentos semanal e diário, é claro.

Você pode ter pensado que comprou este livro para obter algumas dicas rápidas para se livrar do excesso de trabalho. De repente você tem a impressão de ler um texto escrito por um lunático obcecado por tempo com uma mania fascista de planejar cada segundo de seu dia, a ponto de simplesmente não sobrar tempo para trabalhar.

No entanto, tudo isso não passa de uma abordagem sã e perfeitamente normal de organização do tempo (é claro que eu diria isso). Mas é verdade. A questão é que, assim que você pegar o jeito, o planejamento será realmente rápido. Certifique-se de que você mantém o controle sobre seu tempo e sobre suas ações. Em particular, assegure-se de que pode usar seu tempo para fazer o que realmente interessa: tarefas que o ajudem a alcançar seu objetivo.

Ao término desse processo de planejamento, toda e qualquer tarefa deverá estar agendada. Pode ser que faça parte apenas da 'miscelânea' ou da 'correspondência', mas haverá uma janela de tempo livre para você se dedicar a esses serviços. Se não houver, a tarefa apenas não será realizada. Vamos revisar todo o processo.

PLANEJAMENTO ANUAL

No início do ano, use meia hora para anotar todas as datas que você já sabe que serão necessárias para o restante do ano:

- reuniões regulares
- eventos especiais (exibições e conferências, por exemplo)
- eventos regulares (almoço semanal com os membros de sua equipe ou aquela hora no fim da tarde de sexta-feira para resolver a 'miscelânea')
- feriados e férias
- tempo pessoal (aqueles dias em que você quer sair mais cedo porque é aniversário de seus filhos ou o casamento do seu melhor amigo)

Você também precisa reservar quinze minutos no início de cada mês para colocar no papel seu planejamento mensal. Além disso, reserve alguns dias no ano para realizar as tarefas que você sabe que realmente trarão resultados. Isso ocorre quando você desenvolve idéias e planeja novos produtos ou projetos que podem vir a melhorar a performance de sua empresa. Pode ser uma sessão estratégica de planejamento com sua equipe, a preparação do orçamento anual ou a idéia de um novo sistema para melhorar a produtividade de seu departamento. É para isso que você está aqui, e esse tempo é essencial para a organização e para fazer sua carreira brilhar.

Não se sinta tentado a cancelar tempo alocado para tarefas importantes

Comece liberando pelo menos um dia por mês, mas aumente esse número se perceber que é possível.

Obviamente, ao longo do ano, você acrescentará reuniões importantes, encontro com clientes e apresentações, de acordo com a confirmação das datas.

PLANEJAMENTO MENSAL

Esta é sua chance de agendar todas as tarefas importantes para o mês e que ainda eram desconhecidas quando você organizou o planejamento anual. De fato, estamos falando daquelas tarefas que você tenta freqüentemente agendar. Se as planejar no início do mês, ficará muito mais fácil fazer todas elas e poupar tempo para trabalhos rotineiros e coisas que surgirão. Isso pode incluir:

- entrevistas de seleção ou reunião para discutir o orçamento
- visitas a consumidores e a fornecedores
- apresentações, inclusive o tempo de preparação
- tempo para preparar relatórios e propostas
- tempo para delegar tarefas importantes

Suas sessões de planejamento mensal têm ainda outra função. Elas lhe dão a oportunidade de revisar o excesso de trabalho para o mês. Além de fornecer um panorama das prioridades de curto prazo, também dá a chance de saber quanto tempo 'livre' haverá pela frente. Você sabe muito bem como as atividades rotineiras, os problemas urgentes, as reuniões de última hora, os pedidos de outras pessoas e tantas outras coisas ocupam o tempo. Então veja se você tem algum tempo ainda disponível. Se não:

- Veja se é possível cancelar ou ausentar-se de algumas reuniões.
- Delegue tarefas que você mesmo pretendia realizar.
- Reorganize sua agenda para que ela fique mais condizente com a realidade. Remarque aquelas duas reuniões que aconteceriam no mesmo dia e no mesmo lugar, ou faça no mesmo dia sessões de planejamento que você pretendia fazer em dias diferentes e fique com um dia inteiro livre.

Independentemente do que você vier a fazer, porém, não se permita ficar tentado a cancelar ou a espremer horários que tenha reservado para realizar tarefas importantes, a menos que elas possam ser efetivamente delegadas. Essa é a razão de ser da agenda. O problema é que às vezes fica logisticamente mais fácil mudar ou cancelar a realização de uma tarefa. Então nunca perca de vista seu objetivo. Os gerentes mais bem-sucedidos são aqueles que entendem essas tarefas como prioridades absolutas.

PLANEJAMENTO SEMANAL

É nesta etapa que você planeja todas aquelas tarefas que estão prestes a ser realizadas. O planejamento não deve consumir mais do que cinco minutos toda manhã de segunda-feira. Você precisa arrumar tempo durante a semana para:

- delegar e monitorar as tarefas delegadas
- cuidar da correspondência e dos e-mails
- dar telefonemas
- realizar tarefas diversas
- deixar o telefone disponível (um assistente pode dispensar as pessoas em momentos mais complicados e dizer que

Planejar sua agenda significa transformá-la de um livro ocasional de referência em um guia interativo indispensável

você poderá conversar ao telefone na tarde de quarta-feira, por exemplo)

▶ estar disponível pessoalmente (uma política de 'porta aberta' permanentemente é uma licença para interrupções; é melhor determinar um tempo no qual seus assistentes e seus colegas saberão que você estará disponível para que só o perturbem quando se tratar de algo realmente urgente)

Talvez você pretenda agendar alguma dessas atividades mais de uma vez por semana. Em vez de ficar disponível ao telefone ou pessoalmente uma hora em um dia da semana, pense em disponibilizar duas sessões de meia hora para que as pessoas não precisem esperar muito para falar com você. Também é possível ficar disponível para atender as pessoas nos últimos quinze minutos de cada dia de expediente.

PLANEJAMENTO DIÁRIO

No começo de cada dia, decida como aproveitar cada momento livre (sim, por meio desse sistema você vai ter momentos livres — pelo menos de acordo com os planos). Seria interessante dar uma volta pelo escritório todos os dias (tudo bem, talvez você nunca consiga fazer isso, mas precisa ao menos tentar) para mostrar aos integrantes de sua equipe que está em contato com eles e que eles podem estar em contato com você. É claro que você também tem tarefas urgentes pendentes e problemas a resolver. Portanto decida o melhor momento para fazer isso.

Comece o dia escrevendo uma lista de tarefas 'a realizar'. Ela relacionará todas as coisas que você pode acomodar entre as tarefas previamente agendadas, reuniões etc. Você pode achar que os telefonemas devem ser relacionados separadamente, mas é muito mais eficaz fazer todos de uma vez, se possível.

Sua lista deveria ser mais ou menos assim:

Telefonar para:
João Silveira (fornecedor), 8812-6543
Acompanhamento do trabalho de Miguel
Elisa Carneiro
Roberto Souza (laticínio), 0xx34 9876-5432

A realizar:
Verificar conta da ChocoLat
Acompanhar pesquisa da Melissa para proposta
Consultar preços da Ônix
Revisar cronograma de exibição
Enviar e-mail para Paulo a fim de acompanhar a montagem do estande de exibição

Sua agenda deve ser uma ferramenta essencial para a realização de seu trabalho

8 mãos à obra

Ao trabalhar seus grupos em ordem de prioridade — de acordo com seu cronograma —, você já jogou fora muita coisa, delegou e adiou tudo o que poderia. Entretanto, ainda restam diversas tarefas a fazer em quase todos os grupos: são essas que você deve realizar imediatamente, ou daqui a pouco (em outras palavras, está muito em cima da hora para adiar). Isso pode incluir telefonemas, respostas a e-mails, leituras de documentos, decisões que precisam ser tomadas, papéis que devem ser aprovados, cheques a assinar ou problemas pessoais e operacionais a resolver. Trata-se de um misto de tarefas que podem ser difíceis ou fáceis, rápidas ou demoradas.

Essencialmente, você só precisa trabalhar com tudo isso da maneira mais rápida e eficaz possível, impedindo potenciais interrupções nesse momento. No entanto, ainda restam algumas dicas que podem ajudá-lo a acelerar o processo:

- **Algumas breves tarefas continuarão pipocando em diversos grupos. É provável, por exemplo, que existam diversos e-mails a responder e vários telefonemas a retornar. É mais eficaz realizar todas as tarefas similares ao mesmo tempo. Você poderia separar todos os e-mails e verificar as**

pensamento inteligente

MANTENHA CONTATO

Dar respostas às pessoas muitas vezes pode ser uma tarefa demorada se você estiver correndo contra o relógio e não tem tempo nem de atender a um telefonema, ler uma carta ou escrever um e-mail. Mantenha uma mensagem padrão de e-mail ou carta que diga: "Obrigado por seu e-mail/ sua carta/ seu telefonema. Vou analisar o assunto e telefonarei de volta dentro de alguns dias". Organize-se para responder, é claro, mas pelo menos você conseguiu dois ou três dias para trabalhar com calma.

mensagens logo que chegar ao fim dos grupos ou assinar todas as faturas de uma vez, por exemplo. É claro que algumas tarefas precisam ser feitas mais cedo, enquanto outras dependem da resposta obtida num telefonema que ainda não foi feito. Use seu bom senso e agrupe essas tarefas do modo mais funcional possível.

▸ Se uma tarefa de algum grupo depende de outra, selecione-a com critério e certifique-se de que o serviço essencial seja feito primeiro. Se for algo demorado — talvez você ainda precise aguardar o telefonema de alguém para obter determinada informação —, esteja pronto para entrar em ação.

F AZENDO LISTAS

Talvez você sinta a necessidade de elaborar listas de tarefas a realizar à medida que observa o excesso de trabalho à sua frente. Se estiver trabalhando no escritório, obviamente não poderá realizar tare-

> É mais eficaz realizar todas as tarefas similares ao mesmo tempo

fas externas — como atualizar-se sobre problemas nos equipamentos, conversar pessoalmente com um gerente de produto, visitar outro departamento ou conferir as novidades de seus concorrentes.

Do mesmo modo, se estiver em casa, talvez não tenha acesso a tudo aquilo de que eventualmente possa precisar e talvez seja necessário escrever uma lista de pendências para quando voltar ao escritório. Você também pode estar trabalhando à noite e não poderá dar prosseguimento a nada que exija um contato com outras pessoas antes da manhã seguinte. Também deve anotar numa lista os telefonemas e os e-mails a serem respondidos e fazer tudo de uma vez, assim que houver tempo.

Nessas circunstâncias, qualquer coisa que você adie por mais de algumas horas deverá ser anotada em sua agenda, como já vimos. Mas não existe motivo para anotar todos os telefonemas a retornar se for possível fazer uma lista em algum bloco separado.

As tarefas contidas nas listas já devem estar anotadas em algum lugar de sua pilha de documentos realmente relevantes. Sua lista deve ser composta por uma pilha de anotações e papéis. Mas muita gente sente-se melhor quando o trabalho parece mais organizado. Se você é assim, contente-se em compor somente uma lista e coloque-a sobre qualquer documento importante que você sabe que usará.

pensomento inteligente

NÃO CAIA NAS ARMADILHAS

Às vezes você precisa ligar para alguém que certamente vai segurá-lo ao telefone. Se você for o tipo de pessoa com dificuldade para se livrar de gente assim, telefone em um momento em que tiver certeza de que a pessoa estará fora e deixe uma mensagem na secretária eletrônica dela.

Algumas pessoas não gostam de deparar com longas listas, pois ficam com a impressão de que ainda resta muito serviço a ser feito. Se precisar de um apoio psicológico, coloque os seguintes tipos de tarefa no topo de sua lista:

- **algo de que você gosta de fazer**
- **algo que seja rápido**
- **uma tarefa que já tenha sido feita**

Se você fizer um xis ao lado de cada tarefa já feita, perceberá que rapidamente esses três itens já estarão assinalados como concluídos e terá a impressão de que o serviço está fluindo.

Tomada de decisões

A maior parte das tarefas que precisam ser realizadas não é necessariamente difícil. Tudo é uma questão de saber lidar com elas — como já está

Qualquer atraso superior a algumas horas deve ser anotado na sua agenda

acontecendo. O tipo de tarefa que freqüentemente fica mais acumulado sobre a mesa de gerentes quando o tempo exige o melhor deles é a tomada de decisão.

Mas agora não é hora de tomar decisões importantes, como alguma demissão ou a terceirização de um setor inteiro. Se alguma decisão dessa magnitude tiver de ser tomada (e é improvável que ela dependa só de você), arrume tempo para cuidar disso mais tarde — seu atual objetivo é acabar com o excesso de trabalho. No momento, você está preocupado com questões importantes do cotidiano, como:

- **Quanto de aumento dar a um membro da equipe?**
- **Qual modelo de veículo utilitário será o novo padrão da frota da empresa?**
- **Para qual candidato oferecer a vaga aberta no setor de televendas?**
- **O plano de ampliar o estacionamento deve seguir adiante?**
- **A idéia de um subordinado deve ser aceita?**

São essas decisões que podem ter ficado acumuladas sobre sua mesa... até agora. É claro que você não quer apenas tomar essas decisões rapidamente. Você também quer tomar as decisões corretas. A capacidade de tomar boas decisões com rapidez é um dos pilares do sucesso de um gerente. Quais são as técnicas para conseguir isso?

Muitas decisões podem ser tomadas com tanta facilidade que você nem percebe o que aconteceu: qual o horário da reunião? A quem delegar a tarefa? Outras são simples porque a resposta está clara: pode ser que haja somente um bom candidato para a vaga no setor de televendas, então não há por que se martirizar por isso. Contudo, estas certamente não são as decisões que vêm sendo adiadas.

Eis as principais considerações para ajudá-lo a tomar alguma decisão sobre um assunto complicado à espera de análise sobre sua mesa:

- **É você quem deveria tomar essa decisão?** Muitas vezes adiamos a tomada de uma decisão porque sabemos que outra pessoa deveria ter aquela responsabilidade ou simplesmente porque acreditamos que a retórica da decisão necessária está incorreta. Por exemplo, como escolher dentre as propostas para o lançamento de um novo produto se você tem dúvidas se o produto realmente deveria ser lançado no mercado? Podemos não querer tomar uma decisão por considerar que não dispomos de informações suficientes para julgar. Então acabe com o problema: passe a decisão adiante, instigue debates sobre suas reservas com relação ao novo produto, peça mais informações antes de tomar uma decisão.

- **Qual é seu objetivo?** É preciso estabelecer um objetivo *de novo*? Pois é, eu temo que sim. Determine o alvo principal daquela tomada de decisão — aonde você pretende chegar com ela. Por exemplo: seu objetivo pode ser pagar à sua equipe um bom salário que reflita o valor do bom trabalho realizado por seus subordinados e os motive ainda mais. Ou talvez você tenha a idéia de ampliar a área de estacionamento para funcionários e visitantes dentro de certo limite orçamentário. É impossível saber qual será a decisão correta se não souber qual seu objetivo principal.

- Colete todos os dados que puder. Conforme já mencionei, você pode precisar de mais informações. Quando é chegado o momento de se tomar uma decisão, certifique-se de que nenhuma informação relevante tenha ficado de lado. Se você desconhece os detalhes sobre o desempenho de determinado membro de sua equipe ao longo dos últimos meses, como você terá certeza de que o salário reflete o valor do trabalho dele?

- Não tome uma decisão que não possa ser implementada. Descarte todas as opções inviáveis. Não há por que ampliar o estacionamento se o trabalho vai exigir uma ampla reforma arquitetônica, o que significará gastar uma fortuna que não está no seu orçamento.

- Ouça sua intuição. Muitas pessoas não dão bola para a intuição. Outras só não confiam nela. Não é muito sábio tomar uma decisão com base somente nos instintos, mas se você tem todos os dados e eles não apontam para uma resposta clara, a intuição pode lhe dizer qual caminho seguir. Ouça sua intuição como se fosse um conselho de um profissional mais experiente que você.

pensamento inteligente

PEÇA CONSELHO SE ISSO FOR AJUDAR

Por que não telefonar para alguém? Outras pessoas podem ter passado por processos similares de tomada de decisão antes ou podem ter mais experiência do que você nessa área. Você não precisa fazer como elas, mas pode aproveitar as informações.

- Não force desnecessariamente uma decisão. Mesmo que tenha uma montanha de tarefas a fazer, nem sempre é necessário tomar todas as decisões imediatamente. Se as coisas não vão mudar e nenhum novo dado vai aparecer, você não estará mais perto da decisão daqui a um mês do que está agora. Mas se a decisão não for urgente e você tiver a sensação de que mais tempo será útil — o suficiente para pensar no assunto e desanuviar a cabeça —, não há motivo para tomar a decisão agora só porque ela está diante de você.

- Quando precisar tomar uma decisão, tome-a. Se a definição precisa ser imediata e não pode ser adiada, você *tem* de aprender a fazer isso. Pode ser que você nunca venha a ter acesso àquela informação que garantiria uma decisão perfeita, mas acelerar as coisas também é importante. Uma decisão correta que leva muito tempo para ser tomada pode ser pior do que uma decisão não tão perfeita, mas tomada imediatamente. Uma das principais barreiras à tomada de decisões é a tentação de pesar infinitamente todos os prós e os contras. O gerente dinâmico deve dizer 'basta!' e resolver o assunto. É melhor tomar uma decisão conveniente do que não fazer nada. Muitas vezes, todas as opções têm desvantagens. Ainda assim, você terá de escolher entre uma delas.

- Comprometa-se com sua decisão. Uma vez que ela esteja definida, você deve cumpri-la. Isso inclui dar o exemplo e ser visto cumprindo sua decisão. Se os membros de sua equipe agirem contra ela, segure o aumento que eles esperavam. Não ceda à insubordinação. Se eles estiverem no caminho certo, seja compreensivo, mas não se permita ser contrariado.

- Esteja preparado para vender sua decisão para outras pessoas. As decisões corretas nem sempre são as mais populares, portanto, esteja pronto para ser persuasivo. Mesmo

> Uma das principais barreiras à tomada de decisões é a tentação de pesar infinitamente todos os prós e os contras

pense rápido

CARA OU COROA

Se você não souber qual escolha fazer entre duas opções, por que não jogar uma moedinha para o alto e tentar no 'cara ou coroa'? Se já ouviu todos os argumentos e há poucas diferenças entre as duas opções, tanto faz qual será sua decisão, portanto escolha qualquer uma delas.

que as pessoas não aceitem, você tomou a decisão correta. Elas poderiam estar à espera de um estacionamento mais amplo ou de um carro melhor para a frota. Então esteja pronto para explicar por que sua decisão foi a melhor.

Seguindo essas diretrizes, você verá que é simples tomar decisões que impliquem despachar documentos acumulados sobre sua mesa. Nesse processo, você exercitará uma habilidade vital para um gerente.

Leitura

Um dos piores ingredientes dessa mistura sobre sua mesa é aquele material que precisa ser lido. Aqueles relatórios enormes, as propostas, os documentos de pesquisa, as publicações especializadas, a parte da ata da reunião que você perdeu e tudo o mais. Como ler tudo isso nas poucas horas disponíveis? Impossível, admita.

Você acha que todos os outros gerentes, inclusive seu chefe e os diretores da empresa, não têm o mesmo problema? É claro que têm. E o que eles fazem? Existem duas opções. Uma delas — no longo prazo — é aprender leitura dinâmica. Bem, não há tempo para aprender isso hoje, mas eu recomendaria para o futuro, se tiver constantemente muito material para ler. A segunda opção é ler apenas o essencial. Você não precisa ler todos os documentos minuciosamente. Nunca pense o contrário. Eis algumas dicas para dinamizar sua leitura:

- **Não é só porque alguém lhe repassou algo para ler que você precisa fazê-lo automaticamente. *Você* decide se aquilo receberá sua atenção. Compare a necessidade dessa leitura com seu objetivo principal. Ler tal texto vai realmente ajudá-lo a atingir seu objetivo?**

pensamento inteligente

LIVRO DE CABECEIRA

Você obviamente precisará ler algumas coisas, mesmo que não seja tudo aquilo que insiste em passar por sua mesa. Por isso reserve, todas as semanas, um tempo em sua agenda para ler o que for necessário.

- Leia primeiro o índice e a introdução de um livro para saber se ele contém tudo o que você precisa (ou se você realmente não precisa perder tempo com ele).

- Peça a outras pessoas que leiam artigos ou documentos e que depois façam um resumo verbal ou escrito para você. Assim, quem leu o livro poderá destacar ou separar alguma passagem que considera importante.

- Diversos livros, relatórios e propostas contêm resumos ou descrições dos capítulos. Muitas vezes isso é tudo o que você precisa ler.

- Se não houver sumário, um documento bem escrito normalmente contém um parágrafo final resumindo cada um de seus capítulos. Tente ler somente o primeiro e o último parágrafos de cada capítulo para ver se funciona. Isso pode lhe fornecer informações suficientes sobre cada capítulo que você eventualmente precise ler com mais profundidade e que poderia ter passado despercebido.

- Se você for assinante de publicações especializadas, identifique dois ou três artigos realmente importantes para seu trabalho. Leia-os e jogue o resto fora.

Você se saiu bem chegando até aqui. O único desafio restante é impedir que essa situação se repita. Siga as instruções contidas nos quadros "Na próxima vez", nos finais dos capítulos deste livro, e descubra como, depois de resolvido o problema de excesso de trabalho, evitar que haja uma próxima vez.

pensamento inteligente

A REGRA DE UMA PÁGINA

Crie uma regra para ser seguida por todos aqueles que trabalham com você. Todos os trabalhos escritos (relatórios, propostas ou outros documentos) deverão conter um resumo que não poderá exceder uma página — isso vale também para memorando interno ou correspondência.

Você deve lidar com um documento assim que ele chegar à sua mesa

na próxima vez

Teoricamente, você nunca deveria permitir que o trabalho ficasse acumulado (teorias de negócios são maravilhosas, especialmente quando queremos dar boas gargalhadas). Agora, falando sério, essas instruções podem funcionar com pouca prática e muita disciplina. A idéia é que todos nós temos os mesmos tipos de papéis circulando sobre nossas mesas durante dias e até mesmo semanas antes de resolvê-los (tudo bem, às vezes alguns meses).

A solução é estabelecer a regra rígida de lidar com o documento e livrar-se dele assim que ele chegar à sua mesa. E existem quatro opções para lidar com esses papéis.

1. **Lixo.** Você se lembra daqueles papéis que foram separados e depois acabaram indo para o lixo? Quantos deles poderiam ter sido jogados fora no minuto em que aparecerem em sua mesa, semanas atrás? Aprender a identificar o lixo à primeira vista é uma habilidade inteligente.

2. **Arquivo.** Nós falamos sobre a manutenção de arquivos para projetos importantes desde o início. Se os documentos úteis ainda não foram para o seu arquivo, eles podem ser aproveitados em sua pilha de documentos para 'apresentação', para 'orçamento' ou em seu 'arquivo pessoal'.

3. **Passe adiante.** Se o papel puder ser passado para algum colega ou delegado a um subordinado, faça-o já, em vez de colocá-lo sobre sua mesa e esperar duas semanas antes de fazer algo com ele.

4. **Trabalhe nele.** Não acumule papéis pendentes. Trabalhe imediatamente em tudo o que for possível. Se não fizer isso, o serviço ficará acumulado (e nós sabemos muito bem como é isso) e você continuará trabalhando em coisas que poderiam ter sido feitas na semana passada ou no mês passado. Agora que finalmente aprendeu o pulo-do-gato, mantenha-se à frente no placar.

Trabalhe imediatamente em tudo o que for possível

elimine o excesso de trabalho em meio dia

Se você dispuser de apenas um dia para lidar com todo o trabalho acumulado, relaxe. Há tempo de sobra. Até mesmo as cargas mais pesadas de trabalho podem se tornar leves em três ou quatro horas. A primeira coisa a fazer é ler este livro do início ao fim. Isso deve levar pouco mais de uma hora, se muito. Tudo o que você precisa saber está aqui.

Você quer queimar etapas do livro em termos de organização do trabalho ou de priorização e seleção de grupos de atividade, mas terá de se certificar de que todas as tarefas urgentes sejam resolvidas hoje. Selecione-as antes de começar a lidar com os grupos de atividade. Assim, apesar do pouco tempo, o trabalho essencial será feito.

Depois disso, você precisa passar apenas por algumas etapas, embora deva ter algumas coisas em mente:

- Determinar seu objetivo, organizar o trabalho em grupos de atividade e priorizar o excesso de trabalho são fases essenciais: não se sinta tentado a evitá-las. No longo prazo, essas atitudes o ajudarão a economizar bastante tempo e garantirão que você lide com o trabalho de modo eficaz.

- Você pode precisar delegar boa parte do trabalho, então não hesite em relação à capacidade das pessoas. Quando você tem uma boa equipe trabalhando para você — seja pequena ou grande —, a maior parte do serviço pode ser delegada. Se você não tem o hábito de delegar, é possível aprender rápido esse novo costume.

- Não delegar uma tarefa na íntegra não significa que ela não possa ser parcialmente delegada. Talvez você fique completamente envolvido na preparação da exibição prevista para a próxima semana, mas alguém pode fazer o contato com a gráfica e com os arquitetos responsáveis pelos estandes.

- Você também terá de adiar boa parte do serviço. O mais importante é agendar as atividades adiadas para a data mais próxima possível, antes que tudo saia novamente de controle, mas seja realista em relação à carga que você é capaz de suportar. *Haverá* interrupções e emergências. Se não estiver preparado para isso, perderá rapidamente o controle e se sentirá desmoralizado.

- Se metade do dia de que dispõe for no período da noite, você terá a vantagem de não correr o risco de ser inter-

> Não delegar uma tarefa na íntegra não significa que ela não possa ser parcialmente delegada

rompido. Em contrapartida, será bem mais difícil ter contato com outras pessoas que possam ajudá-lo. Sendo assim, elabore uma lista de coisas a fazer para quando o mundo voltar a funcionar. Comece a trabalhar cedo e realize algumas tarefas antes que seus colegas cheguem ao escritório. Aproveite o tempo que ganhou para, no fim do dia, dar alguns telefonemas essenciais.

Você perceberá que meio dia é bastante tempo para controlar o excesso de trabalho. Nem tudo estará pronto ao término dessa parte, mas tudo estará ao alcance da mão, e você terá retomado o controle da situação. Portanto não entre em pânico: apenas relaxe e comece a trabalhar. Antes de se dar conta, todo o trabalho parecerá mais gerenciável.

pense rápido

11

Antes de começar a agir no desespero, pare e pense: o que precisa realmente ser feito hoje e o que pode ser adiado?

Administrar sua agenda em função do tempo — e com base nas urgências — o deixará no controle da situação.

Você perceberá que meio dia é bastante tempo para controlar o excesso de trabalho

elimine o excesso de trabalho em uma hora

Você conseguiu uma hora para fazer tudo, uma única e solitária hora para organizar o trabalho acumulado das últimas semanas — e talvez até dos últimos meses. Obviamente você tem um daqueles empregos nos quais a velocidade da vida simplesmente o atropelou. Sejamos realistas por alguns instantes. Você vai conseguir fazer todo esse trabalho e livrar-se dele em apenas uma hora? É claro que isso é impossível. Então por que dedicamos uma parte deste livro a ensiná-lo como eliminar o excesso de trabalho em uma hora?

A resposta é a seguinte: apesar de você não poder realizar todo o trabalho em apenas uma hora, você pode deixar o terreno preparado. E isso é tudo o que você precisa fazer. Mas como?

- Nem pense em realizar as tarefas urgentes agora. Elas se transformarão na prioridade de qualquer lista que você elabore durante todo o restante do tempo. Lide com as tarefas urgentes *depois* dessa 'faxina' de uma hora.

- Leia o Capítulo 7, que fala sobre o adiamento de tarefas — isso será necessário.

- Leia o Capítulo 1, que fala sobre a criação de tempo. Mas não entre em pânico — esses são os únicos capítulos que você precisa ler no momento.

- Com base no que assimilou lendo esses dois capítulos, crie um espaço de uma hora o mais rápido que puder — antes de dormir seria uma boa — para ler todo este livro.

- Agora tire pelo menos meio dia, mas de preferência um dia inteiro, para pôr em prática os ensinamentos deste livro. Certifique-se de que você arrumará esse tempo dentro dos próximos dias *haja o que houver*. Talvez precise chegar ao trabalho uma hora mais cedo todos os dias ao longo da próxima semana (sei que provavelmente você já é obrigado a levantar meia hora antes de ir para a cama) ou tirar uma noite para organizar o excesso de trabalho.

Agora, se ainda restar um pouco dessa uma hora, sinta-se livre para ficar tamborilando os dedos na mesa. Mas também pode começar a ler este livro agora. O excesso de trabalho não terá diminuído ao fim do dia, no entanto você já terá dado um bom primeiro passo. E pensando rápido tudo estará resolvido até o final da próxima semana. Então relaxe!

> Apesar de você não poder realizar todo o trabalho em apenas uma hora, você pode deixar o terreno preparado

CTP, Impressão e Acabamento
IBEP Gráfica